L'ECOLE DES AMANS,

BALLET

REPRÉSENTÉ POUR LA PREMIERE FOIS,

PAR L'ACADEMIE ROYALE

DE MUSIQUE

Le Jeudy 11 juin, 1744.

DE L'IMPRIMERIE

De JEAN-BAPTISTE-CHRISTOPHE BALLARD,
Doyen des imprimeurs du Roy, seul pour la musique,
et pour l'Academie royale de musique.

A Paris, au Mont-Parnasse, ruë saint-Jean-de-Beauvais.

M. DCC XLIV.
AVEC PRIVILEGE DU ROY.
LE PRIX EST DE XXX SOLS.

L'ECOLE DES AMANS,

L'ECOLE DES AMANS.

ACTEURS ET ACTRICES
*Chantans dans tous les Chœurs du Prologue,
et du Ballet.*

CÔTÉ DU ROI.		CÔTÉ DE LA REINE.	
Mesdemoiselles	*Messieurs*	*Mesdemoiselles*	*Messieurs*
Dun,	Marcelet,	Cartou,	De Serre,
	St. Martin,	Deshaigles,	Gratin,
Delorge,	Lefebvre,		Le Mesle,
	Le Page,	Gondré,	Deshais,
	Fel,		Levasseur,
Varquin,	Houbault,	Maçon,	Buseau,
	Bourkart,		
Dalemand-C.,	Bornet,	De Verneuille,	Belot,
	Gallard,		Rhone,
Larcher,	Duchênet,	Jaquet,	Margalé,
	Chabourd,		Parant.
Delastre.	Rochette.	Riviere.	

L'ECOLE

L'ECOLE
DES AMANS.

Artè Regendus Amor. Ovid. *de Artè amandi* , Lib. 1.

PROLOGUE.

A

ACTEURS CHANTANS
du Prologue.

L'AMOUR,	Mlle Coupée.
LA JALOUSIE,	M^r Le Page.

ACTEURS DANSANS.

AMANS DE DIFFERENTES
Nations.

MESSIEURS,	MEDEMOISELLES.
Matignon.	Fremicourt.
Dangeville.	Courcelle.
Levoir.	St Germain.
Lafeuillade.	Thiery.
De Vice.	Erny.

L'ESPERANCE.

Mademoiselle Le Breton.

La Scene est dans l'Isle de Cythere.

L'ECOLE DES AMANS.

PROLOGUE.

Le théâtre repréfente un bofquet orné des jardins de
VENUS. La mer paroît dans le fonds. Un pavillon galand foutenu par les Zéphirs, couvre un
trône de fleurs occupé par l'Amour en Robe de
docteur de Cythere, cet aimable maître eft en-
vironné par les jeux & les plaifirs Les Amans
célébrent fa gloire & attendent fes Leçons.

CHOEUR DES AMANS.

U vainqueur dieu d'Amatonte
Célébrons les doux exploits,
On lui peut céder fans honte,
Les Héros fuivent fes Loix.

Enchantés dans ces retraites
Sans compter nos jours charmans,
Nous devons à nos défaites
Les plus chers de nos momens.

A ij

Livrés-vous, tendre jeunesse,
A l'ardeur de vos desirs,
Soupirez, goutez sans cesse
La douceur de nos plaisirs,
Enchantés dans ces retraites
Sans compter nos jours charmans,
Nous devons à nos défaites
Les plus chers de nos momens.

Les amans & amantes dansent : Ensuite ils accompagnent l'Amour qui son flambeau à la main, descend de son trône qui disparoit, les Zéphirs enlevent le Pavillon.

L'AMOUR.

Dans ces beaux lieux il faut se rendre
Pour éprouver les plaisirs les plus doux :
Venez, Mortels, venez apprendre
L'aimable loi que l'Amour fit pour vous.

Que votre zéle au mien réponde,
Les plus grands dieux sont soumis dans ma cour.
Le dieu du monde.
Dans ce séjour,
Quand l'Amour gronde.
Tremble à son tour :
Le dieu du monde.
Dans ce séjour,
Prend les leçons du dieu d'Amour,

Danse des Amans.

L'AMOUR.

Amans, il faut cacher vos peines
Pour trouver mes plus doux plaisirs.
Ne vous plaignés de vos chaînes
Qu'à vos inhumaines :
Retenés vos soupirs.
Heureux silence !
La récompense
Ne peut jamais
Fuir les cœurs secrets.
Tendresse extrême !
Bonheur suprême,
Vos jours sont faits
Pour les amans discrets.

Danse des AMANS.

L'AMOUR, aux AMANS.

Je prétens aujourd'hui dans des festes nouvelles
Vous guider sur les pas des mes sujets fidéles.
Vous verrés un himen heureux
*De deux amans couronner * la constance ;*
Vous verrés triompher mes feux
*De * la fortune, et de * l'absence. ***

Retenés mes leçons, goutés en les douceurs.
Par la voix des plaisirs je vais vous les apprendre ;
L'Amour est fait pour instruire les cœurs,
Et les cœurs sont faits pour l'entendre.

Un bruit infernal annonce la jalousie, et l'air
s'obscurcit.

* 1. Leçon, * 2. Leçon, * 3. Leçon.

Quelle sombre vapeur s'éleve dans les airs ?
Avec la Jalousie elle sort des enfers.

LA JALOUSIE, aux AMANS.

Foibles esclaves de cythere,
Connoissés les objets qui savent trop vous plaire :
Quittés ce funeste séjour
Ne suivés plus le flambeau de l'amour,
Il éblouit vos yeux, et le mien les éclaire.

On trompe vos soins et vos vœux,
Qu'un juste dépit vous dégage ;
Sortés d'un indigne esclavage,
Brisés des fers honteux.

CHOEUR des amans séduits par la JALOUSIE.

On trompe nos soins et nos vœux,
Qu'un juste dépit nous dégage ;
Sortons d'un indigne esclavage,
Brisons des fers honteux.

LA JALOUSIE.

Est-il un plus cruel outrage
Que de trahir vos tendres feux ?
Qu'un plus digne objet vous engage,
*Fuyés des appas dangereux. **

* Les Amans & les Amantes se séparent avec
des marques de colere.

CHOEUR des AMANS brouillés.

Est-il un plus cruel outrage
Que de trahir nos tendres feux !
Qu'un plus digne objet nous engage,
Fuyons des appas dangereux.

On trompe nos soins & nos vœux,
Qu'un juste dépit nous dégage ;
Sortons d'un cruel esclavage,
Brisons des fers honteux.

L'AMOUR revenant.

Il est temps d'éclaircir ce funeste nuage.
Vous qui calmés les soins jaloux,
Volés, agréable Esperance,
Ramenés avec la constance
Le calme le plus doux.
Dans ces cœurs divisés rappellés la tendresse,
Dissipés leurs soupçons, ranimés leurs desirs ;
Vous leur promettés des plaisirs,
J'aquiterai votre promesse.
Vous qui chassés les soins jaloux,
Volés, agréable Espérance,
Ramenés avec la constance
Le calme le plus doux.

LA JALOUSIE, à part.

En vain on me fait violence,
Je saurai leur porter d'inévitables coups.

La Jalousie s'éloigne ; l'Esperance paroit dans le char d'Amphitrite conduit par les Tritons : Elle en descend & reunit les Amans séparés par la jalousie.

L'AMOUR.

Aimable Esperance,
Consolez les cœurs amoureux,
Soutenez leur constance,
Faites naître de nouveaux feux
Pour les rendre à jamais heureux.
L'affreuse tristesse
Suit toujours les transports jaloux,
L'aimable tendresse
Vous promet un sort plus doux.
La Paix dans vos ames
Doit s'unir à mes bienfaits :
Sans elle, vos flammes
Perdent leurs plus chers attraits.

Le Chœur chante la parodie précédente , alternativement avec l'Amour. Ensuite on danse.

LA JALOUSIE, revenant aux Amans.

Quoi, vous cédez encor à de perfides charmes ?
Combatez , résistez à de si foibles armes.

CHOEUR

PROLOGUE.

CHOEUR des AMANS réunis.

Regnés seul dans nos cœurs, regnés, charmant Amour.

L'AMOUR, à la JALOUSIE.

Fuis, Jalousie affreuse,
Fuis, n'ose plus troubler cette retraitte heureuse ;
Tombe au fonds des enfers ton funeste séjour.

CHOEUR des AMANS réunis.

Fuis, Jalousie affreuse,
Fuis, n'ose plus troubler cette retraitte heureuse ;
Tombe au fonds des enfers ton funeste séjour.

LA JALOUSIE.

Vous me chassés en vain, je reviendrai sans cesse.
Ah ! N'est-ce pas mon sort d'allarmer la tendresse ?
Non, ne vous flattés pas d'empêcher mon retour.

CHOEUR des AMANS réunis.

Fuis, Jalousie affreuse,
Fuis, n'ose pas troubler cette retraite heureuse.

PROLOGUE.

L'AMOUR. *

Tombe au fonds des enfers ton funeste séjour.

CHOEUR.

Regnés seul dans nos cœurs, regnés, charmant Amour.

* L'Amour frape la Jalousie avec son flambeau, elle s'abîme, et les amans réunis accompagnent l'Amour en chantant, *Regnés seul*, &c.

FIN DU PROLOGUE.

L'ECOLE DES AMANS,

PREMIERE LEÇON.

LA CONSTANCE
COURONNÉE.

ACTEURS CHANTANS.

FÉNISE, *jeune Duchesse*
de Sulmone en, Chasseuse , Mlle Romenville,

ZÉLIDE, *Dame Napolitaine ,*
tutrice de FÉ'NISE, *en Chasseuse ,* Mlle Fel.

VALERE, *Seigneur François ,*
en Chasseur ,   Mr Jelyotte.

ACTEURS DANSANS.

CHASSEURS.

Monsieur Dupré ;

Messieurs Monservin , Gherardy ;

Mrs Dumay , Dupré , Malter-C. , Matignon ;

Dangeville , P-Dumoulin.

Mademoiselle Dalmand ;

Mesdemoiselles Rabon , Petit , S^t. Germain ,

Courcelle , Beaufort , Thiery.

La Scene est à l'entrée d'une Forêt , voisine
du château de Sulmone.

L'ECOLE DES AMANS,

PREMIERE LEÇON.

LA CONSTANCE COURONNE'E.

Le Théâtre repréfente une Forêt,
et le Château de Sulmone.

SCENE PREMIERE.

ZELIDE.

Ci de deux jeunes amans
J'examine avec foin les tendres fentimens.
L'Hymen ne doit qu'avec prudence
Couronner les feux de l'amour :
Une épreuve de plus d'un jour
Doit précéder leur récompenfe :
L'Hymen ne doit qu'avec prudence
Couronner les feux de l'amour.

Mais Valere s'avance,
Pour la derniere fois attaquons sa constance.

SCENE II.

ZELIDE, VALERE.

ZELIDE.

SEigneur, dans ces beaux lieux la chasse vous at-
tend,

VALERE.

Ciel ! Je suis agité d'un soin plus important.
Terminez mes malheurs, cessez d'être sévere,
De la beauté que j'aime accordez-moi la main,
C'est vous qui réglés son destin,
Son cœur répond à mon ardeur sincere,
Elle m'est favorable, et vous m'êtes contraire.

ZELIDE.

Je me garderai bien de vous unir tous deux,
L'Hymen vous offrira de plus utiles nœuds,
Pour l'un & l'autre je l'espere.
Quand les nœuds de l'Hymen sont formés par l'A-
mour
Leurs charmes quelquefois ne donnent qu'un beau
jour.

Mais lorſque de l'hymen Plutus dore les chaînes,
Epoux, que ſes faveurs préviennent de deſirs !
    Souvent l'Amour eſt ſuivi par les peines,
Plutus voit ſur ſes pas voler tous les plaiſirs.
VALERE, allarmé.
A trahir ſes ſermens Féniſe eſt-elle prête ?
        L'éclat d'une riche conquête
        Efface-t-il mon feu conſtant !
ZELIDE.
        Croyés vous que l'Amour arrête
        Un cœur que la fortune attend ?
VALERE.
Quel coup vient me fraper ! Ciel ! Devois-je le craindre ?
ZELIDE
Que vous vous abuſés en vous trouvant à plaindre !
Hatés vous d'immoler une vaine douleur
        A la plus brillante eſperance....
Valere, étes-vous fait pour la pérſéverance ?
VALERE, ſans l'écouter.
Courons chercher Feniſe et combler mon malheur...
    Appercevant FENISE.
Elle paroît... ſuivons le tranſport qui me guide...
De reproches ſanglans accablons la perfide....
        Vangeons mon amour abuſé....
Parjure... mais, hélas ! Déja ſon cœur coupable
        Par ſes beaux yeux eſt excuſé...
        Le courroux le plus implacable
Par un tendre regard eſt bientôt appaiſé.

SCENE III.

FE'NISE, ZE'LIDE, VALERE.

VALERE, à FENISE.

FEnise est inconstante! O disgrace cruelle!
Quoi, vous brisés notre lien?...
Je vous croyois tendre & fidéle!
Hélas! De votre cœur je jugeois par le mien.

FE'NISE.

Qu'entens-je? Non, mon cœur ne se reproche rien,
Valere....

ZELIDE, les interrompant.

Epargnés vous une plainte importune
Et de vos premiers nœuds perdés le souvenir.
Les époux ne doivent s'unir
Que par les soins de la fortune.

FE'NISE.

Ah! Peut-on devenir époux
Sans consulter le dieu de la tendresse?
Peut-on jamais rendre trop doux
Un nœud qui doit durer sans cesse?

VALERE, surpris.

Quoy, Fénise, m'adressés-vous
Un si flatteur langage?
Chere Fénise, quoy, vous n'êtes point volage!

FE'NISE

FE'NISE, ET VALERE, l'un à l'autre.
Vous m'aimés conſtament ?
Oui, toujours je vous aime.

ZELIDE, ſouriant.
Vous aimés conſtament ?

FE'NISE, ET VALERE.
Oui, pour jamais je l'aime
Fidélement.

ZELIDE.
Fidélement,
Juſqu'au changement.
Quelle ardeur extrême
N'éprouve pas du temps la puiſſance ſuprême.

FE'NISE, ET VALERE.
Notre ardeur extrême
Saura braver du temps la puiſſance ſuprême.

L'un à l'autre
Vous m'aimés conſtament ?
Oui, toujours je vous aime
Fidélement.

ZELIDE.
Vous aimerés fidélement,
Juſqu'au changement.

Féniſe, comptés peu ſur la foy de Valere,
Vous mérités de l'enflammer
Mais il vient d'un ſéjour, où l'art de bien aimer
Eſt moins connu que l'art de plaire.

C

VALERE.

Je ne sçais point changer. Je ne l'apprendrai pas
Des beaux yeux que j'adore.

Le feu qu'allument ses appas
Sait fixer les cœurs qu'il dévore.

Je ne sais point changer, je ne l'apprendrai pas
Des beaux yeux que j'adore.

ZELIDE, à FE'NISE.

L'aimable habitant
Des bords de la seine,
A chaque instant
Brise sa chaîne.

Dans ces climats légers quel hommage nouveau
Ne séduit pas les cœurs les plus fidéles ?
C'est là qu'on voit l'Amour se servir de ses aîles,
Plus souvent que de son flambeau.

VALERE, à ZELIDE.

Non, non, mon cœur n'est point volage :

Des rives de la seine il ne suit point l'usage,
Il sait par ses soupirs triompher des rigueurs ;
Par sa constance il sçait meriter des faveurs,
On le croiroit formé sur les rives du Tage :

Non, non, mon cœur n'est point volage.

ZELIDE, *féverement.*

La raifon m'a parlé, je n'écoute plus rien.
Ceffés....

VALERE.

Que vos refus à la pitié fe rendent.

FE'NISE, ET VALERE.

Laiffés-nous notre amour, il eft l'unique bien
Que nos pleurs... Que nos vœux... Que nos cœurs
　　　　　　　　　　　vous demandent.

ZELIDE.

Ah! C'eft trop réfifter à vos tendres regrets.
C'eft trop vous déguifer mes fentimens fecrets ;
　　Heureux Amans, ceffez de craindre,
Vous brûlés d'un beau feu qu'il eft temps d'aprouver ;
　　Je ne cherchois pas à l'éteindre,
　　Je ne voulois que l'éprouver.

FE'NISE, ET VALERE, à ZELIDE.

　　Comment dans ce jour favorable,
　　Vous payer de notre bonheur ?

ZELIDE.

Je ne prétens de vous, pour prix de fa douceur,
　　Que la rendre à jamais durable.

On entend des Cors de chaffe. ZELIDE & les
Amans fe joignent à la troupe des Chaffeurs.

SCENE IV.
CHASSE.

ZELIDE, FÉNISE, VALERE, CHASSEURS,
Dames Napolitaines en habit de chasse.

VALERE, ET ZELIDE.

Venez, rassemblez-vous
Au bruit qui vous appelle ;
Pour une Chasse nouvelle,
Venez, Chasseurs, accourez-tous.

LE CHOEUR, *Venez, rassemblez-vous*, &c.

VALERE.

Amour, quittez Cythere :
Venez nous suivre au fonds des bois ;
Sans vous, peut-on s'y plaire ?
N'oubliez pas votre carquois ;
Rendez l'Echo témoin de vos plus chers exploits.

LE CHOEUR, *Venez, rassemblez-vous*, &c.

ZELIDE.

Souvent dans ces retraites
Nous trouvons nos défaites.
L'Amour peut sur nos cœurs
Porter des coups toujours vainqueurs.

VALERE.

Amour, viens dans nos ames
Lancer tes traits de flammes,
Redouble nos langueurs ;
Pour nous tes coups font des faveurs.

ZELIDE.

Le Cor fe fait entendre.

VALERE.

Chaffeurs, vous faites attendre.

ENSEMBLE.

Peut-on fi lentement
Suivre un plaifir charmant ?

LE CHOEUR, *Venés, raffemblés-vous, &c.*

VALERE, ET ZELIDE.

Que tous les monftres des forefts
Sentent l'atteinte de nos traits :
Qu'ils foient difperfés,
Qu'ils foient renverfés
Et de nos dards percés,

Le Cor eft notre guide,
Des routes il décide ;
Que fes accords pour nous
Sont doux !

La chasse remplit nos loisirs,
Nous lui devons mille plaisirs;
Chasseurs heureux,
Bornés-y tous vos vœux.

CHOEUR.

Que tous les monstres des forêts, &c.

On danse.

VALERE.

L'Amour est un chasseur, cédons sans résistance,
Envain l'on fuit ses traits quand il les lance,
Présentons lui nos cœurs, s'il vole sur nos pas.
Dans ses filets laissons-nous prendre,
Que ses piéges sont doux! Ne nous en plaignons pas:
Quand la surprise a tant d'appas,
Feroit-on bien de s'en deffendre?

On danse.

CHOEUR.

Venés, rassemblés-vous
Au bruit qui vous appelle;
Pour une chasse nouvelle,
Venés, Chasseurs, accourés-tous.

Le cor est notre guide,
Des routes il décide;
Que ses accords pour nous
Sont doux!

FIN DE LA PREMIERE LEÇON.

L'ECOLE DES AMANS,
SECONDE LEÇON.

LA GRANDEUR
SACRIFIÉE.

ACTEURS CHANTANS.

ISABELLE, *Princeſſe de Flandre,*
en Bergere, Mlle Chevalier.
TERSANDRE, *Comte d'Artois,*
en Berger, ſous le nom de PHILINTE, Mr Chaſſé.
ANGELIQUE, *confidente*
*d'*ISABELLE, *en Bergere,* Mlle Bourbonnois.

ACTEURS DANSANS.

FOIRE DE FLANDRE.

PAYSANS.

Mr Gherardy.	Mlle Dalmand.
Mr Levoir.	Mlle Fremicour.
Mr Malter-C.	Mr Lafeuillade.
Mlle Thiery,	Mlle Dary.

HOLANDOIS, HOLANDOISES.

M^r De Vice.	Mlle Puvigné.

Mademoiſelle Puvigné, fille.

DIVERS ETATS.

Mr Monſervin.	Mlle Carville.
Mr Dupré.	Mlle Rabon.
Mr Dumay.	Mlle Petit.
Mr Matignon.	Mlle Erny.
Mr Hamoche.	Mlle St Germain.

Femme de Qualité en habit de payſanne.

Mlle Lyonnois.

La Scene eſt dans une Carmeſſe, ou Foire de Flandre.

L'ECOLE

L'ECOLE DES AMANS,
SECONDE LEÇON.

LA GRANDEUR SACRIFIÉE.

Le théâtre repréſente une Carmeſſe, ou Foire
de Flandre.

SCENE PREMIERE.

ISABELLE, ANGELIQUE.

ANGELIQUE.

Ous l'habit paſtoral, prétendés-vous long-temps
    Cacher une illuſtre Princeſſe ?
Il faut à la grandeur, des Palais éclatans,
Les bois & les hameaux ſont faits pour la tendreſſe.

ISABELLE.

Ici des jeux nouveaux raſſemblent chaque jour
Des mortels, amenés par Plutus & l'Amour.

De mon rang avec eux j'évite la contrainte
     Sous ce déguisement.
Tous leurs projets divers font mon amusement,
Je trouve sur leurs pas les plaisirs...

ANGELIQUE, souriant.

                Et Philinte ?

ISABELLE, vivement.

C'en est fait ; je veux fuir ce Berger dangereux.

ANGELIQUE.

Je crains....

ISABELLE.

      N'éxplique pas ta crainte.

Helas !

ANGELIQUE.

Et ce soupir...

ISABELLE.

       Dit plus que je ne veux.
En parlant de l'objet d'une tendresse extrême,
    La voix prend les accens du cœur.
   Et prononcer le nom de ce qu'on aime,
Suffit pour découvrir la plus sécrette ardeur.

ANGELIQUE.

Pour un simple Berger, Isabelle soupire !

ISABELLE.

L'Amour ne compte point les rangs dans son empi

ANGELIQUE.

Rougissés de votre tourment....

ISABELLE.

Je rougis de l'amour, et non pas de l'amant.

Un objet eſt digne de plaire
Dès qu'on lui trouve des appas.
Jamais l'amour n'eſt téméraire
Que dans l'amant qui ne plaît pas.

ANGELIQUE.

C'eſt vainement que la raiſon accuſe
Les foibleſſes d'un tendre cœur.
Il croit juſtifier la plus aveugle erreur
Avec la plus légere excuſe.

Rendés à la grandeur ſes droits & ſon pouvoir.
Songés que votre main eſt promiſe à Terſandre...
Ce Prince généreux près de vous doit ſe rendre....

ISABELLE.

Que j'apprehende de le voir!

ANGELIQUE.

Si la renommée eſt ſincere,
En le voyant, votre devoir
Ne vous paroitra plus ſevere.

ISABELLE.

Tandis que ce ſéjour eſt encor ſolitaire
Laiſſe-moi rêver un moment...

à part.
Ciel! Faut-il que mon cœur me choiſiſſe un amant,
Quand j'attens un époux, annoncé par mon pere!

SCENE II.

ISABELE.

*V*ous êtes trop heureux,
Paisibles habitans de ce charmant bocage !
L'Amour avec l'Hymen, vole sous cet ombrage ;
Sans se livrer la guerre ils y régnent tous deux.
La superbe Grandeur n'y gêne pas vos vœux,
Vous ne lui rendez point d'hommage
Aux dépens des Plaisirs, des Graces & des Jeux.
Vos voix, de Philomele imitent le ramage,
Et vos cœurs imitent ses feux.

Mais, j'apperçoi ce Berger redoutable...
Où fuir... Cachons dumoins le tourment qui m'accable.

SCENE III.

ISABELLE, Princesse de Flandre, en Bergere,

TERSANDRE, Comte d'Artois, déguisé en Berger, sous le nom de PHILINTE, et ne se connoissant pas tous les deux.

TERSANDRE.

*D*aignez, jeune Bergere, écouter un amant
A qui vous inspirés la plus vive tendresse...
Si vous fuyés l'Amour, vous fuyés vainement,
Sur vos pas il vole sans cesse.

ISABELLE.
Par un langage si flatteur
Ne vous obstinez plus à seduire mon ame.
Philinte, il faut éteindre une inutile flamme,
Le ciel pour un Berger n'a point formé mon cœur.

TERSANDRE.
Que dites-vous?.. Est-il possible...
Dans les Bois est-on sensible
A l'éclat de la grandeur?...
On n'y doit quitter la douceur
De l'indifference paisible,
Que pour chercher les biens d'une constante ardeur.

L'empire que la beauté donne
Ne vaut-il pas une couronne?
Quel triomphe est plus glorieux,
Que de soumettre jusqu'aux Dieux!
Mais la félicité suprême
C'est de regner toujours sur l'objet que l'on aime.

ISABELLE.
Philinte, vous croyés mon cœur ambitieux...
Que ne l'est-il, helas!.. Il seroit plus tranquile...

TERSANDRE.
Daignés vous expliquer.

ISABELLE.
Ciel! Qu'il est difficile
De garder un secret que le cœur veut trahir!
La raison, le devoir m'ordonne le silence...

TERSANDRE.
C'est au cœur qu'il faut obéir.

ISABELLE.

Non, je dois respecter la juste violence
Qui m'impose l'indifference...
Ah! croyés-moi toujours éprise des attraits
De la gloire & de la fortune...
Banniffés votre amour...

TERSANDRE.

Le pourai-je jamais?

ISABELLE, tendrement.

Croyés que je le hais...
Croyés qu'il m'importune...
Adieu Philinte.

TERSANDRE.

Helas! me fuirés-vous!
Fuirés-vous la plus tendre flamme?
Quel trouble!.. Eft-il permis de lire dans votre ame!

ISABELLE.

Ah! n'y lifés que mon courroux.
Partés enfin.

TERSANDRE.

Partir! Trop cruelle Bergere!

ISABELLE.

Dieux! Quel fatal hymen m'eft prefcrit par mon Pere!
Je m'egare....

TERSANDRE.

Achevés.. parlés...

ISABELLE.

Je dois me taire...

TERSANDRE.

Non, vous me nommerés ce trop heureux époux.

ISABELLE.

Qu'exigés-vous, Cruel, que ma douleur publie ?
Si Philinte savoit ce que pour lui j'oublie,
　　Il n'accuseroit plus mon cœur
　　D'aimer l'éclat de la grandeur.

TERSANDRE.

Ah ! connoissés toute votre puissance ;
Je vais rompre un hymen digne de mes ayeux
Mais le brillant honneur d'une illustre naissance
N'est-il pas effacé par le feu de vos yeux ?
　　Plaignés, adorable Bergere,
　　Un souverain, tendre & sincere
Qui ne respecte plus que vos divins appas....
Je leur immole tout, gloire, grandeur....

ISABELLE.

　　　　　　　　　Helas !
　　Que n'êtes, vous, Tersandre !

TERSANDRE, s'inclinant.

Il est à vos genoux, hâtez-vous de m'apprendre
Quel est le doux espoir qui vient de me fraper.
Tersandre en vous aimant, aime-t'il Isabelle ?

ISABELLE.

Mon cœur en croyant se tromper
A son devoir étoit fidéle.

ENSEMBLE.

Amour, quel prix charmant vous gardiés à nos feux !

TERSANDRE.

Sous notre habit champêtre ,
Ce dieu nous a guidés tous deux.

ISABELLE.

Il ne nous empêchoit ici de nous connoître ,
Que pour nous rendre plus heureux.

ENSEMBLE.

Je vous ai cédé la victoire
Sans consulter les loix de la grandeur;
Les fidéles Amans font leur unique gloire
De brûler à jamais d'une sincere ardeur.

On entend un Prélude qui annonce les jeux de la Carmesse.

ISABELLE.

On vient , voyons les Jeux.

TERSANDRE.

Ils ont fait mon bonheur.
Que j'en chériray la mémoire !

SC. IV

SCENE IV.

ISABELLE, Princeſſe de Flandre, en Bergere ;
TERSANDRE, Comte d'Artois, en Berger.
MATELOTS, FLAMANS, ET FLAMANDES.

CHOEUR, TOUS.

Dans cet agréable ſéjour,

MATELOTS. BERGERS.

Chantons le dieu des Mers, Chantons le dieu d'Amour.
MATELOTS.
Protegez nos travaux, fier ſouverain de l'Onde.
BERGERS.
Couronnez nos ſoupirs, charmant vainqueur du monde.
TOUS.
Régnez avec la Paix,
Dieux puiſſans, ſur nos bords, répandez vos bienfaits.

On danſe.

TERSANDRE.

Eſtre aimé de l'objet qu'on aime,
L'enflammer au gré de ſes vœux ;
C'eſt gouter le bonheur ſuprême,
L'Amour ſeul peut nous rendre heureux.

Le chœur répéte ces quatre vers.

ISABELLE, ET TERSANDRE.

N'être unis que par l'Amour même,
Ne rien devoir à la Grandeur.
C'eſt un ſort dont le diadême
Ne peut égaler la douceur.

Le Chœur reprend Eſtre aimé de l'objet, &c. . . .

E

ISABELLE, ET TERSANDRE.

La fortune la plus brillante
Trop souvent coute des soupirs ;
Les beaux jours d'une ardeur constante
Savent mieux flatter nos desirs.
Ce n'est pas vous, Gloire éclatante,
Qui donnés les plus doux plaisirs.

Le Chœur reprend encore, *Estre aimé de l'objet,* &c....   On danse.

TERSANDRE.

Jeux & Ris, régnez sans cesse,
Rassemblez-vous dans nos bois,
Ils sont faits pour la tendresse,
Tout y suit d'amoureuses loix.

La charmante Terpsicore
Dans ses pas retrace encore
Les transports des Amans,
Et leurs plaisirs & leurs tourmens.
De l'Amour sur ce Rivage,
Que l'on chérit l'esclavage !

Non, rien n'est si doux
Que ses efforts & que ses coups.
Dans quelques nœuds qu'il nous engage
Tout y plaît, même son couroux.
D'une ardeur enchanteresse
Je ressens l'aimable yvresse ;
Ce jour charmant, ce jour heureux
Remplit ensemble tous mes vœux.

Danse de Flamans & d'Hollandois de toutes sortes de conditions rassemblés à la Carmesse.

La Fête finit par la reprise du Chœur, *Dans cet agréable séjour,* &c.

FIN DE LA SECONDE LECON.

L'ECOLE DES AMANS,

TROISIÉME LECON.

L'ABSENCE

SURMONTÉE.

ACTEURS CHANTANS.

LEANDRO, *Seigneur Romain*, Mr Jelyotte.

LELISMENE, *Dame, veuve Françoise*,   Mlle Fel.

ACTEURS DANSANS.

DIFFERENS MASQUES.
Mademoiselle Camargo ;

ARLEQUIN,   M^r F-Dumoulin,

Arlequin,	Mr Levoir,
Arlequine,	Mlle Fremicour,
Scaramouche,	M^r P-Dumoulin,
Scaramouchette,	Mlle Erny,

PELLERINS.

Mrs Malter-C.,	Hamoche.
Mlles Thiery,	Puvignée.

CHINOIS.

Mrs Dumay,	Dupré,
Mlles Carville,	Rabon,
M^rs De Vice,	Lafeuillade,
M^r D-Dumoulin,	Mlle Le Breton,
Mr Monfervin,	Mlle S^t. Germain,
Mr Gherardy,	Mlle Courcelle.

La Scene est dans la Place S. Marc, à Venise.

L'ECOLE DES AMANS,
TROISIÉME LEÇON.

L'ABSENCE SURMONTÉE.

Le Théâtre représente une Colonade préparée
pour une fête de Carnaval : On voit au
travers la Place de S. Marc à Venise.

SCENE PREMIERE.

LEANDRO.

N E vous verrai-je plus, vous qui formês mes
nœuds ?
Où dois-je aller, helas ! Pour calmer mes al-
larmes ?
Dans quels climats heureux
Voit-on briller vos charmes ?

C'eſt ici l'aimable ſéjour
Où j'ai ſoumis mon cœur aux attraits d'Eliſmene...
Le Tibre m'a vû naître : Elle a reçu le jour
Sur les rivages de la ſeine.
Ici le ſort cruel nous ſépara tous deux
Sans pouvoir expliquer mes vœux...
J'ai bientôt appris ſon langage...
N'aurai-je jamais l'avantage
De m'en ſervir, pour déclarer mes feux.

Ne vous verrai-je plus, vous qui formés mes nœuds ?
Où dois-je aller, helas ! Pour calmer mes allarmes ?
Dans quels climats heureux
Voit-on bri'ler vos charmes ?

LEANDRO apperçoit Eliſmene dans l'eloignement.
Dieux ! c'eſt-elle !.. Parlons... Non, il faut l'écouter.
Graces au tendre amour, je peux enfin l'entendre...
Le ſecret de ſon cœur va peut-tre eclater...
Mais que vais-je trouver, en cherchant à l'aprendre.

SCENE II.

ELISMENE, LEANDRO caché.

ELISMENE, ſe croyant ſeule.

Amour, ſi quelquefois tu fais verſer des pleurs :
En ſe plaignant de tes rigueurs,
On les adore.
En preſſant la raiſon d'éteindre tes ardeurs,
On craint le ſecours qu'on implore.

LEANDRO, caché.

Elle aime !.. Falloit-il qu'à mon amour fatal
Un fortuné rival
Vint s'oppofer encore !

ELISMENE, fe croyant feule.

Eft-ce en vain que du dieu d'Amour
J'éprouve le pouvoir fuprême ?
Ne dois-je plus voir ce que j'aime ?
Ne reviendra t-il plus dans ce charmant féjour ?

Venés, volés, favorable Efpérance,
Calmés les maux, trifes fruits de l'abfence,
Sufpendés mes vives douleurs.

Que d'amans malheureux votre douceur foulage !
Vous eftes pour les cœurs
Ce qu'après un orage
Zéphire eft pour les fleurs.

Venés, volés, favorable Efpérance,
Calmés les maux, trifes fuits de l'abfence,
Sufpendés mes vives douleurs.

LEANDRO, à part.	TRADUCTION.
Ah ! quefto è troppo !	*C'en eft trop, enfin,*
Barbaro Deftino !	*Barbare Deftin !*

SCENE III.

ELISMENE, LEANDRO.

LEANDRO, l'abordant.

Quoy, votre cœur a pû se rendre
Sans connoître l'Amant qu'il devoit préférer ?
Quoy, l'amour a pu vous surprendre ?
Il devoit mieux vous éclairer.

ELISMENE, à part.

Qu'ai-je entendu ?.. C'est lui. Pourois-je m'y méprendre !
Il croit qu'un autre amant désarme ma fierté...
Jouissons d'un courroux que j'ai peu mérité.

LEANDRO, vivement.

Vous ne répondés point aux transports de mon ame...
Je ne le vois que trop, mes vœux sont refusés...
N'ai-je appris à pouvoir vous exprimer ma flamme
Que pour entendre mieux, que vous la méprisés ?

ELISMENE, souriant.

Quand le sort me força de quitter ce rivage
Vous ne saviés pas mon langage...

LEANDRO, trés vivement.

Je voudrois encor l'ignorer !
Je n'aurois pû vous déclarer
Un feu constant qui... vous outrage...
Et je n'apprendrois pas dans ce funeste jour,
Qu'un rival heureux vous engage...

ELISMENE

ELISMENE, *gayment.*

Quoy ! Si je vous entens, je le dois à l'Amour ?

LEANDRO.

Est-il jamais de langue difficile,
Dès que l'Amour en donne les leçons ?

Avec plaisir nous nous les retraçons,
Tout obeit, quand le cœur est docile.

Est-il jamais de langue difficile,
Dès que l'Amour en donne les leçons ?

ELISMENE *redit la même pensée en Italien.*

Lingua non v'è ché tosto non s'impari,
Qual or si fa maestro il Dio d'amore.

Menté non v'è ché il Nume non rischiari,
Se trova sempré obedienté il core.

Lingua non v'è ché tosto non s'impari,
Qual or si fa maestro il Dio d'amore.

LEANDRO, *avec transport.*   TRADUCTION.

Il tosco idioma non v'è   *Ciel ! Vous parlés*
dunque ignoto ?   *italien !*

ELISMENE.   TRADUCTION.

Del mio sincero affetto   *C'est vous prouver ma flam-*
è questi il voto.   *me, et vous la prouver bien.*

F

Venez, charmant Hymen, hâtez-vous de paraître,
Faites briller vos feux ;
Et vous Amour, faites connaître
A l'objet de mes vœux,
Que pour nous entendre tous deux
Nous avons eu le même maître.

ENSEMBLE.

Venez, charmant Hymen, hâtez-vous de paraître,
Faites briller vos feux.

LEANDRO.

Nous avons de nos cœurs acquis l'intelligence,
Est-il un bien plus précieux !
Et pouvions-nous employer mieux
Les cruels momens de l'absence ?

ENSEMBLE.

LEANDRO.	ELISMENE.
Charmantes Flammes,	Gradite Fiamme;
Brûlez nos ames ;	Ardite l'almé ;
Parmi les Plaisirs & les Jeux,	Tra schersi amati,
Rendez-nous toujours heureux.	Fate noi beati.
Aimable Tendresse,	Nume d'amore
Je sens tous vos attraits ;	Tuoi vezzi sento;
Régnez sans cesse,	Regna nel core,
Pour vous nos cœurs sont faits.	Di te contento.

On entend un Prélude, qui annonce la fête.

ELISMENE.

On vient.

LEANDRO.

Eloignons-nous.

ELISMENE.

Reſtons pour voir les Jeux.

LEANDRO.

Je n'y verrai que vous.

F ij

SCENE IV.

LEANDRO, ELISMENE,
Troupe de Masques chantans,
Troupe de Masques dansans.

CHOEUR des Masques.

*B Annissons la tristesse
De ces lieux charmans :
Chantons, jouissons des plus beaux de nos ans.
Dans ces jours, la sagesse
Permet les plaisirs.
Dansons, profitons de nos heureux loisirs.
Le Dieu de la tendresse
Repand ses bienfaits,
Courons, offrons-nous à ses traits.*

On danse.

LEANDRO.

*Jeunes Amans, déguisés-vous
Pour tromper les yeux jaloux.

Mille aimables conquestes
Vous attendent dans nos festes ;
Les plaisirs vous serviront tous,
Quel triomphe sera plus doux ?*

L'Amour & la Folie
Ont inspiré ces jeux charmans.
Ils y font naître les momens
Les plus flatteurs de la vie.

Jeunes Amans, déguisés-vous,
Pour tromper les yeux jaloux.

On danse.

ELISMENE.

Diletti, è Gioiè,
Regnate sempre presso
gli amanti;
Regnate,
Volate
Presso gli amanti.

Longi le noiè
Malinconie, Gli affani
é pianti.

Diletti è Gioiè &c.

TRADUCTION
de l'Air italien.

Plaisirs, et Jeux, regnés
toujours
Près des amans & des
amours.

Eloignés les ennuis, les
craintes,
Les soupçons, et les tristes
plaintes.
Plaisirs, et jeux. &c.

FIN DE LA TROISIE'ME LECON.

APROBATION.

J'AI lû, par ordre de Monseigneur le Chancelier, un Ballet en trois Actes, intitulé *L'Ecole des Amans*, et je n'ai rien trouvé qui doive en empêcher l'Impression. A Versailles, ce 27 mai 1744.

DE MONCRIF.

PRIVILEGE DU ROY.

LOUIS par la grace de Dieu, Roy de France & de Navarre. A nos amez & feaux Conseillers, les Gens tenants nos Cours de Parlement, Maitres des Requêtes ordinaires de nôtre Hôtel, Grand Conseil, Prevôt de Paris, Baillifs, Sénéchaux, leurs Lieutenans-Civils, & autres nos Justiciers qu'il appartiendra, Salut. Nôtre cher & bien amé le Sieur LOUIS-ARMAND-EUGENE DE THURET, cy-devant Capitaine au Regiment de Picardie; Nous a fait représenter que, par Arrest de nôtre Conseil du 30. May 1733. Nous avons revoqué le Privilege qui avoit été accordé au Sieur le Comte & ses Associez, pour raison de l'Academie Royale de Musique, ses circonstances & dépendances, & rétabli ledit Privilege en faveur dudit Sieur Exposant, pour en joüir par luy, ses Associez, Cessionnaires & Ayans-cause aux charges & conditions portées par ledit Arrest, pendant le temps & espace de vingt-neuf années, à compter du premier Avril de ladite année 1733. Et que pour l'exploitation dudit Privilege, ledit Sieur Exposant se trouve obligé de faire imprimer & graver les Paroles & la Musique des Opera qui doivent être représentez; mais que pour cet effet il a besoin de nôtre permission & des Lettres qu'il Nous a tres-humblement fait supplier de luy accorder. A CES CAUSES, voulant favorablement traiter ledit Exposant; Nous luy avons permis & permettons par ces Presentes de faire imprimer & graver *les Paroles & Musique des Opera, Ballets & Fêtes qui ont été ou qui seront représentez par l'Academie Royale de Musique, tant séparément que conjointement* en tels Volumes, forme, marge, caractere, & autant de fois que bon luy semblera, & de les faire vendre & débiter par tout nôtre Royaume, pendant le temps de vingt-neuf années consecutives, à compter du jour de la datte desdites Presentes. Faisons défenses à toutes personnes, de quelque qualité & condition qu'elles soient d'en introduire d'Impression ou Gravûre Etrangere dans aucun lieu de nôtre obéïssance : Comme aussi à tous Imprimeurs, Libraires, Graveurs, Imprimeurs, Marchands en Taille-Douce, & autres de graver, ny faire graver, imprimer, ou faire imprimer, vendre, faire vendre, débiter ny contrefaire lesdites Impressions, Planches & Figures de Paroles de Musique des Opera, Ballets & Fêtes, qui ont été ou qui seront representez par ladite Academie Royale de Musique, tant separément que conjoincement en tout ny en partie, sans la permission expresse & par écrit dudit Sieur Exposant, ou de ceux qui auront droit de luy; à peine de confiscation, tant des Planches & Figures, que des Exemplaires contrefaits & des Ustanciles qui auront servy à ladite contrefaçon, que Nous entendons être saisis en quelque lieu qu'ils soient trouvez; de dix mille livres d'amende contre chacun des Contrevenans, dont un tiers à Nous, un tiers à l'Hôtel-Dieu de Paris, l'autre tiers audit Sieur Exposant, & de tous dépens, dommages & interests, à la charge que ces Presentes seront enregistrées tout au long sur le Registre de la Communauté des Libraires & Imprimeurs de Paris, dans trois Mois de la datte d'icelles; Que la Gravûre & Impression desdites Paroles & Opera sera faite dans nôtre Royaume & non ailleurs, en bon papier & beaux caracteres, conformément aux Reglemens de la Librairie, & notamment à celui du dix Avril 1725. & qu'avant que de les exposer en vente, les Manuscrits gravez ou imprimez seront remis dans le même état où les Aprobations auront été données és mains de nôtre tres-cher & feal Chevalier Garde des Sceaux de France, le Sieur Chauvelin; & qu'il en sera ensuite remis deux Exemplaires de chacun dans nôtre Bibliotheque publique, un dans celle de nôtre Château du Louvre, & un dans celle de nôtre tres-cher & feal Chevalier Garde des Sceaux de France, le Sieur Chauvelin; Le tout à peine de nullité des Presentes; Du contenu desquelles. Vous mandons & enjoignons de faire joüir ledit Sieur Exposant, ou ses Ayants-cause, pleinement & paisiblement sans souffrir qu'il leur soit fait aucun trouble ou empeschement. Voulons que la Copie desdites Presentes, qui sera imprimée tout au long au commencement ou à la fin desdites Paroles ou Opera, soit tenüe pour düement signifiée; & qu'aux Copies collationnées par l'un de nos amez & feaux Conseillers & Secretaires, foy soit ajoûtée comme à l'Original. Commandons au premier nôtre Huissier ou Sergent, de faire pour l'execution d'icelles tous Actes requis & necessaires, sans demander autre permission, & nonobstant Clameur de Haro, Chatre Normande & Lettres à ce contraires. CAR tel est nôtre plaisir. DONNE' à Fontainebleau le douzième jour de Novembre, l'An de Grace mil sept cent trente-quatre, & de nôtre Regne le vingtiéme; *Et plus bas*, Par le Roy en son Conseil. *Signé* SAINSON, avec paraphe.

J'ay cedé à M. BALLARD le present Privilege, suivant le Traité fait avec luy le premier Septembre 1730. A Paris ce 23. Novembre 1734. DE THURET.

Registré ensemble la Cession, sur le Registre VIII. de la Chambre Royale des Libraires & Imprimeurs de Paris N. 797. fol. 779. conformément aux anciens Reglemens confirmez **par celuy du 28.** *Fevrier 1723. A Paris, le 23. Novembre 1734.* G. MARTIN Syndic.